왕쉬운
인도네시아어
단어장

인도네시아어 단어장

초판인쇄   2021년 6월 15일

지 은 이   아멜리아 부르한
펴 낸 이   임승빈
편집책임   정유항, 최지인
편집진행   이승연
디 자 인   다원기획
마 케 팅   염경용, 임원영, 김소연

펴 낸 곳   ECK북스
주   소   서울시 마포구 창전로2길 27 [04098]
대표전화   02-733-9950
팩   스   02-6394-5801
홈 페 이 지   www.eckbooks.kr
이 메 일   eck@eckedu.com
등록번호   제 2020-000303호
등록일자   2000. 2. 15

I S B N   979-11-91132-72-4
정   가   16,000원

왕쉬운 인도네시아어 단어장

- 아멜리아 부르한 지음 -

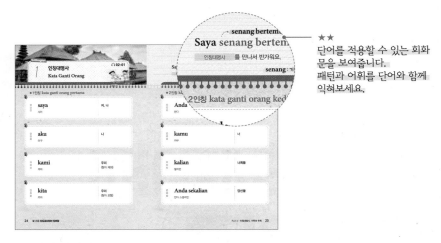

★★
단어를 적용할 수 있는 회화
문을 보여줍니다.
패턴과 어휘를 단어와 함께
익혀보세요.

● 단어 익히기

주제별 단어를 한글 발음과 함께 알아봅니다. 단어를 적용할 수 있는 회화문과
핵심 패턴 및 어휘도 같이 학습해 보세요.

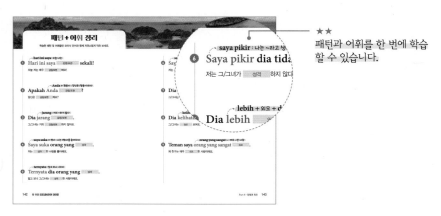

★★
패턴과 어휘를 한 번에 학습
할 수 있습니다.

● 패턴+어휘 정리

각 주제별 단어의 적용 가능한 회화문들만 한눈에 볼 수 있도록 모았습니다.
패턴 및 어휘를 집중 공략해 보세요.

● 실력 확인

학습한 단어 실력을 확인해
보세요.

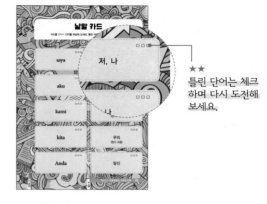

● 낱말 카드

낱말 카드를 접어서 학습한 단어를
복습해 봅니다. 암기력이 높아집니다.

● 핵심 품사

핵심 품사만을 한눈에 볼 수 있도록
정리했습니다.

MP3 다운로드 방법

본 교재의 MP3 파일은 www.eckbooks.kr에서 무료로 다운로드 받을 수 있습니다.

QR코드를 찍으면 다운로드 페이지로 이동합니다.

한국과 인도네시아는 2020년대 이전부터 경제적 교류와 협력이 활발했으며, 한류의 인기로 더욱 교류가 많아지면서 서로의 언어에 대해 관심을 갖는 학습자들이 계속해서 늘어나고 있습니다. 인도네시아어는 영어 발음과 비슷해서 다른 언어에 비해 쉽게 익힐 수 있는 장점이 있기 때문에 빠른 학습 효과를 기대할 수 있습니다.

「왕 쉬운 인도네시아어 단어장」은 기초 단어를 활용한 활용도 높은 예문들을 함께 제시해 주고 핵심 패턴과 어휘까지 한 번에 익힐 수 있도록 구성했습니다.

● **왕 쉬운 인도네시아어 단어장 활용법**

1. 인도네시아어를 보고, 음원 파일을 들으며 인도네시아어를 익힙니다.
2. 눈과 귀로 해당 단어를 학습한 후, 큰 소리로 따라 읽습니다.
3. 단어들을 문장에 적용하여 인도네시아어 패턴과 어휘를 함께 학습합니다.
4. 낱말 카드를 활용해서 단어들을 복습하고 암기력을 높입니다.
5. 동영상 강의를 보며 추가 설명과 노하우로 학력을 높입니다.

해당 교재를 통해 쉽고 빠른 학습 효과를 기대하며, 재미있는 인도네시아어 학습이 되기를 바랍니다.

끝으로 교재 집필의 기회를 주신 ECK교육 임승빈 대표님과 임직원 여러분께 감사의 인사를 전하며, 교재 편집에 힘이 되어주신 이승연 실장님과 한국외국어대학교 말레이-인도네시아어학과 이연 교수님께도 감사의 마음을 전합니다.

지은이 아멜리아 부르한
(Amelia Burhan)

문자		이름	한글 음역	발음
A	a	a	아	'ㅏ'와 같이 발음합니다.
B	b	be	베	'ㅂ'과 같이 발음합니다.
C	c	ce	쩨	'ㅉ'과 같이 발음합니다.
D	d	de	데	'ㄷ'과 같이 발음합니다.
E	e	e	에	'ㅔ' 또는 '_'와 같이 발음합니다.
F	f	ef	에프	'ㅍ'과 같이 발음합니다.
G	g	ge	게	'ㄱ'과 같이 발음합니다.
H	h	ha	하	'ㅎ'과 같이 발음합니다.
I	i	i	이	'ㅣ'와 같이 발음합니다.
J	j	je	제	'ㅈ'과 같이 발음합니다.
K	k	ka	까	'ㄲ'과 같이 발음합니다. (Q 발음과 차이에 유의)
L	l	el	엘	'ㄹ'과 같이 발음합니다. (R 발음과 차이에 유의)
M	m	em	엠	'ㅁ'과 같이 발음합니다.
N	n	en	엔	'ㄴ'과 같이 발음합니다.
O	o	o	오	'ㅗ'와 같이 발음합니다.
P	p	pe	뻬	'ㅃ'과 같이 발음합니다.
Q	q	ki	끼	'ㄲ'과 같이 발음합니다. (K 발음과 차이에 유의)
R	r	er	에르	'ㄹ'과 같이 발음합니다. (L 발음과 차이에 유의)
S	s	es	에스	'ㅅ'과 같이 발음합니다.
T	t	te	떼	'ㄸ'과 같이 발음합니다.
U	u	u	우	'ㅜ'와 같이 발음합니다.
V	v	ve	페	'ㅍ' 또는 'ㅂ'과 같이 발음합니다.
W	w	we	웨	영어의 'w'와 같이 발음합니다.
X	x	eks	엑스	영어의 'x'와 같이 발음합니다.
Y	y	ye	예	영어의 'y'와 같이 발음합니다.
Z	z	zet	젯	영어의 'z'와 같이 발음합니다.

＊ 단어 끝의 /d/나 /t/는 'ㄷ' 받침의 음가지만, 학습의 편의를 위해 외래어 표기와 같이 'ㅅ' 받침으로 표기합니다.
＊ 단어 끝의 /h/는 'ㅎ'의 음가지만, 매우 약하게 발음되므로 한국어 표기는 생략합니다.

●이중자음

kh	'ㅎ'과 'ㅋ'의 중간 발음을 합니다.	ny	'n'과 'y'를 이어서 발음합니다.
ng	'ㅇ' 받침과 같이 발음합니다.	sy	's'와 'y'를 이어서 발음합니다.

나라

1 대륙
Benua

🎧 01-01

□
□
□
Asia
아시아

아시아

□
□
□
Eropa
에로빠

유럽

□
□
□
Afrika
아프리까

아프리카

□
□
□
Amerika Utara
아메리까 우따라

북아메리카

---

mau jalan-jalan ke : ~으로 여행할 것이다

Saya mau jalan-jalan ke 〔대륙〕.

저는 〔대륙〕 으로 여행을 할 거예요.

mau : ~할 것이다/~하고 싶다, jalan-jalan : 여행하다, ke : ~에/(으)로

☐
☐
☐
Amerika Selatan
아메리까 슬라딴

남아메리카

☐
☐
☐
Oseania
오세아니아

오세아니아

☐
☐
☐
Kutub Selatan 꾸뚭 슬라딴
Antartika 안따르띠까

남극

＊북극 : Kutub Utara = Arktik

2 나라
Negara

🎧 01-02

Korea Selatan
꼬레아 슬라딴

대한민국

Korea Utara
꼬레아 우따라

북한

Jepang
즈빵

일본

Tiongkok
띠옹꼭

중국

> **orang** + 나라 : (나라) 사람

Saya orang ████ 나라 ████.

저는 ████ 나라 ████ 사람이에요.

* **'adalah**(~이다)' 동사는 간단한 문형에서 자주 생략이 됩니다.

☐☐☐ **Indonesia**
인도네시아

인도네시아

☐☐☐ **Vietnam**
베트남

비엣남

☐☐☐ **Thailand**
태국

타일란드

☐☐☐ **Malaysia**
말레이시아

말라이시아

berasal dari : ~에서 오다

Saya berasal dari [나라].

저는 [나라] 에서 왔어요.

berasal : 유래하다/출신이다, dari : ~에서

☐☐☐ **Amerika**
아메리까

미국

☐☐☐ **Yunani**
유나니

그리스

☐☐☐ **Inggris**
잉그리스

영국

☐☐☐ **Belanda**
블란다

네덜란드

패턴 + 어휘 정리

학습한 패턴 및 어휘들만 모아서 단어와 함께 자연스럽게 익혀 보세요.

1 ⟶ **mau jalan-jalan ke** : ~으로 여행할 것이다

Saya mau jalan-jalan ke [대륙].

저는 [대륙]으로 여행을 할 거예요.

2 ⟶ **orang + 나라** : (나라) 사람

Saya orang [나라].

저는 [나라] 사람이에요.

3 ⟶ **berasal dari** : ~에서 오다

Saya berasal dari [나라].

저는 [나라]에서 왔어요.

실력 확인!

아시아권에 있는 나라를 찾아보세요.

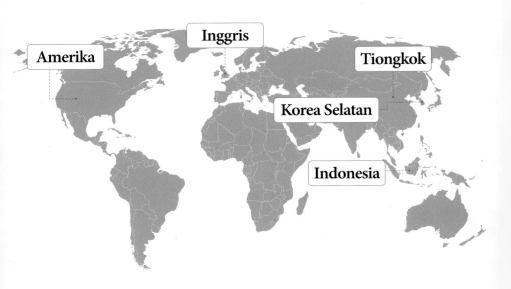

낱말 카드

카드를 접어서 단어를 복습해 보세요. 틀린 부분은 체크(☑)하고 다시 도전!

□ □ □	□ □ □
Asia	아시아

□ □ □	□ □ □
Eropa	유럽

□ □ □	□ □ □
Afrika	아프리카

□ □ □	□ □ □
Amerika Utara	북아메리카

□ □ □	□ □ □
Amerika Selatan	남아메리카

Oseania	오세아니아
Kutub Selatan Antartika	남극
Korea Selatan	대한민국
Korea Utara	북한
Jepang	일본
Tiongkok	중국

Indonesia	인도네시아
Vietnam	베트남
Thailand	태국
Malaysia	말레이시아
Amerika	미국
Yunani	그리스

Inggris □□□

영국 □□□

Belanda □□□

네덜란드 □□□

Part
2

인칭대명사
가족과 친척

1 인칭대명사
Kata Ganti Orang

🎧 02-01

● 1인칭 **kata ganti orang pertama**

☐☐☐ **saya** 사야	저, 나

☐☐☐ **aku** 아꾸	나

☐☐☐ **kami** 까미	우리 (청자 제외)

☐☐☐ **kita** 끼따	우리 (청자 포함)

senang bertemu dengan : 만나서 반갑다

Saya senang bertemu dengan [인칭대명사].

[인칭대명사] 를 만나서 반가워요.

senang : 기쁜/즐거운, **bertemu dengan** : ~와/과 만나다

- **2인칭 kata ganti orang kedua**

☐☐☐ **Anda** 안다	당신

☐☐☐ **kamu** 까무	너

☐☐☐ **kalian** 깔리안	너희들

☐☐☐ **Anda sekalian** 안다 스깔리안	당신들

siapa : 누구 (의문사)

인칭대명사 **siapa?**

인칭대명사 는 누구입니까?

● **3인칭** kata ganti orang ketiga

☐ **beliau** ☐ ☐ 블리아우	그분

☐ **dia** 디아 ☐ ☐ **ia** 이야	그/그녀 (남녀 모두 지칭 가능)

☐ **mereka** ☐ ☐ 므레까	그들

kakek

까껙

할아버지, 조부

nenek

네넥

할머니, 조모

mertua

므르뚜아

장인/장모, 시부모

orang tua

오랑 뚜아

부모

Kenalkan : 소개할게요 (문장의 시작일 때)

Kenalkan, ini 　가족/친척　 **saya.**

소개할게요, 이 사람은 제 　가족/친척　 입니다.

kenalkan : 소개하다, **ini** : 이 사람/이것(지시사)

□
□ **ayah** 아야 　　　　　　　　　아버지

bapak 바빡

✶ bapak은 나이 많은 남성을 부를 때 '호칭'으로도 사용됩니다. (Bapak : 대문자 표기에 주의)

□
□ **ibu** 　　　　　　　　　　어머니
이부

✶ ibu는 나이 많은 여성을 부를때 '호칭'으로도 사용됩니다. (Ibu : 대문자 표기에 주의)

□
□ **suami** 　　　　　　　　　남편
수아미

□
□ **istri** 　　　　　　　　　아내
이스뜨리

tinggal bersama : 함께 살다

Saya tinggal bersama 　가족/친척　 saya.

저는 　가족/친척　 과 함께 살아요.

tinggal : 살다, **bersama** : 함께

✱ ✱ 단어 뒤에 남성은 'laki-laki'를, 여성은 'perempuan'을 붙여서 성별을 구분해 줍니다.

☐
☐ **anak**
☐ 아낙

아이, 자녀

✱ 아들 : anak laki-laki　　딸 : anak perempuan

☐
☐ **kakak**
☐ 까깍

형, 누나
오빠, 언니
(손윗사람)

✱ 형 : kakak laki-laki　　언니 : kakak perempuan

☐
☐ **adik**
☐ 아딕

동생
(손아랫사람)

✱ 남동생 : adik laki-laki　　여동생 : adik perempuan

☐
☐ **sepupu**
☐ 스뿌뿌

사촌

tinggal di : ~에서 살다/거주하다

가족/친척 **saya tinggal di Indonesia.**

제 가족/친척 이 인도네시아에서 살아요.

di : ~에(서)

☐
☐ **paman**
☐ 빠만

백부, 숙부, 삼촌

☐
☐ **bibi**
☐ 비비

백모, 숙모,
이모, 고모

☐
☐ **keponakan**
☐ 끄뽀나깐

조카

☐
☐ **cucu**
☐ 쭈쭈

손주

3 지인
Kenalan

🎧 02-03

sahabat
사하밧

친한 친구

teman
뜨만

친구

rekan
르깐

동료

mitra
미뜨라

동업자

menonton film : 영화를 보다

Saya menonton film dengan 지인 **saya.**

저는 지인 과 영화를 봅니다.

menonton : 관람하다, film : 영화

☐
☐
☐
tetangga
뜨땅가

이웃

☐
☐
☐
pacar 빠짜르

kekasih 끄까시

연인, 애인

☐
☐
☐
tunangan
뚜낭안

약혼자

패턴 + 어휘 정리

학습한 패턴 및 어휘들만 모아서 단어와 함께 자연스럽게 익혀 보세요.

① senang bertemu dengan : 만나서 반갑다

Saya senang bertemu dengan 인칭대명사 .

 인칭대명사 를 만나서 반가워요.

② siapa : 누구 (의문사)

 인칭대명사 siapa?

 인칭대명사 는 누구입니까?

③ Kenalkan : 소개할게요 (문장의 시작일 때)

Kenalkan, ini 가족/친척 saya.

소개할게요, 이 사람은 제 가족/친척 입니다.

④ tinggal bersama : 함께 살다

Saya tinggal bersama 가족/친척 .

저는 가족/친척 과 함께 살아요.

⑤ tinggal di : ~에서 살다/거주하다

 가족/친척 saya tinggal di Indonesia.

제 가족/친척 이 인도네시아에서 살아요.

⑥ menonton film : 영화를 보다

Saya menonton film dengan 지인 saya.

저는 지인 과 영화를 봅니다.

실력 확인!

해석에 맞는 인도네시아어를 적어 보세요.

①

할아버지, 조부

②

어머니

③

나(1인칭)

④

그/그녀(3인칭)

⑤

삼촌

⑥

동생(손아랫사람)

낱말 카드

카드를 접어서 단어를 복습해 보세요. 틀린 부분은 체크(☑)하고 다시 도전!

□ □ □ **saya**	□ □ □ 저, 나
□ □ □ **aku**	□ □ □ 나
□ □ □ **kami**	□ □ □ 우리 (청자 제외)
□ □ □ **kita**	□ □ □ 우리 (청자 포함)
□ □ □ **Anda**	□ □ □ 당신

kamu	너
kalian	너희들
Anda sekalian	당신들
beliau	그분
dia ia	그/그녀 (남녀 모두 지칭 가능)
mereka	그들

kakek	할아버지, 조부
nenek	할머니, 조모
mertua	장인/장모, 시부모
orang tua	부모
ayah bapak	아버지
ibu	어머니

suami	남편
istri	아내
anak	아이, 자녀
kakak	형, 누나, 오빠, 언니 (손윗사람)
adik	동생 (손아랫사람)
sepupu	사촌

paman □□□	백부, 숙부, 삼촌 □□□
bibi □□□	백모, 숙모, 이모, 고모 □□□
keponakan □□□	조카 □□□
cucu □□□	손주 □□□
sahabat □□□	친한 친구 □□□
teman □□□	친구 □□□

rekan	동료
mitra	동업자
tetangga	이웃
pacar kekasih	연인, 애인
tunangan	약혼자

Part
3

숫자와 기간

1 숫자 / 서수 / 요일 / 월
Angka / Urutan / Hari / Bulan

🎧 03-01

● 숫자 angka

　✻ '0'은 주로 'nol'을 사용하지만, 전화번호의 경우에는
　　'kosong(꼬송)'을 사용하기도 합니다.

nol	satu	dua	tiga
놀	사뚜	두아	띠가
0	1	2	3

empat	lima	enam	tujuh
음빳	리마	으남	뚜주
4	5	6	7

delapan	sembilan	sepuluh
들라빤	슴빌란	스뿔루
8	9	10

✻ '11, 12, 13 ~ 19'의 1은 'belas'를 사용합니다.

sebelas	dua belas
스블라스	두아 블라스
11	12

✻ '1(satu)'은 다른 명사나 수량사 앞에 오면 주로 접두사 'se-'로
바뀌어 명사나 수량사에 붙여 씁니다.

천 : ribu

10.000 = sepuluh ribu = 일만

일십(10) : sepuluh

천 : ribu

250.000 = dua ratus lima puluh ribu = 이십오만

이백오십(250) : dua ratus lima puluh

sepuluh	dua puluh	seratus	dua ratus
스뿔루	두아 뿔루	스라뚜스	두아 라뚜스
10(일십)	20(이십)	100(일백)	200(이백)

seribu	dua ribu	sepuluh ribu	dua puluh ribu
스리부	두아 리부	스뿔루 리부	두아 뿔루 리부
1,000(일천)	2,000(이천)	10,000(일만)	20,000(이만)

seratus ribu	sejuta
스라뚜스 리부	스주따
100,000(일십만)	1,000,000(일백만)

105 : seratus lima 스라뚜스 리마

2.020 : dua ribu dua puluh 두아 리부 두아 뿔루

6.041 : enam ribu empat puluh satu 으남 리부 음밧 뿌루 사뚜

→ **di urutan** : 순서에

Saya ada di urutan ⬜서수⬜ .

저는 ⬜서수⬜ 순서에 있어요.

ada : 있다, **urutan** : 순서/차례

● 서수 urutan

인도네시아어의 서수는 2가지 표현 방법이 있습니다.

① 'ke-숫자'로 표기   ② 알파벳으로 표기

	ke– 숫자	알파벳	
첫 번째	ke-1	kesatu, pertama	끄사뚜, 쁘르따마
두 번째	ke-2	kedua	끄두아
세 번째	ke-3	ketiga	끄띠가
네 번째	ke-4	keempat	끄음빳
다섯 번째	ke-5	kelima	끌리마
여섯 번째	ke-6	keenam	끄으남
일곱 번째	ke-7	ketujuh	끄뚜주
여덟 번째	ke-8	kedelapan	끄들라빤
아홉 번째	ke-9	kesembilan	끄슴빌란
열 번째	ke-10	kesepuluh	끄스뿔루
마지막	terakhir 떠르악히르		

Hari ini hari apa?

오늘은 무슨 요일입니까?

● 요일 hari

앞에 'hari(요일, 날)'를 함께 사용해야 의미가 전달됩니다. (예 월요일 : hari Senin)

Senin	Selasa	Rabu	Kamis
스닌	슬라사	라부	까미스
월요일	**화요일**	**수요일**	**목요일**

Jumat	Sabtu	Minggu
주맛	삽뚜	밍구
금요일	**토요일**	**일요일**

● 월 bulan

앞에 'bulan(월)'을 함께 사용해야 의미가 전달됩니다. (예 1월 : bulan Januari)

1월	Januari	자누아리	7월	Juli	줄리
2월	Februari	페부루아리	8월	Agustus	아구스뚜스
3월	Maret	마렛	9월	September	셉뗌브르
4월	April	아쁘릴	10월	Oktober	옥또브르
5월	Mei	메이	11월	November	노펨브르
6월	Juni	주니	12월	Desember	데셈브르

2 시간 / 기간
Waktu / Durasi

🎧 03-02

● 시간 waktu

| jam 잠 시 | menit 므닛 분 | detik 드띡 초 |

| lewat 레왓 ~분 후 | kurang 꾸랑 ~분 전 | seperempat 스쁘름빳 1/4 (15분) |

| setengah 스뜽아 반 (30분) |

* 인도네시아어에서 '15분'은 1시간의 1/4이기 때문에 '15 menit' 대신 주로 사용합니다.

* setengah는 jam 뒤에 위치하며, 시간은 '말하고자 하는 시간 +1'로 표기합니다.

1시   : jam 1
1시 10분   : jam 1 lewat 10 menit
1시 50분   : jam 2 kurang 10 menit
1시 15분   : jam 1 lewat seperempat
1시 45분   : jam 2 kurang seperempat
1시 30분   : jam setengah 2

punya waktu : 시간이 있다

시간/기간 **Anda punya waktu?**

시간/기간 에 당신은 시간 있어요?

punya : 있다 (가지고 있다, 소유하다)

● 기간 durasi

hari ini 하리 이니	오늘

minggu ini 밍구 이니	이번 주

bulan ini 불란 이니	이번 달

tahun ini 따훈 이니	올해

menelepon + 사람 : (사람)에게 전화하다

시간/기간 **saya menelepon Anda.**

시간/기간 에 저는 당신에게 전화했어요.

menelepon : 전화하다

☐
☐ **kemarin** 어제
☐ 꼬마린

☐
☐ **minggu lalu** 지난주
☐ 밍구 랄루

☐
☐ **bulan lalu** 지난달
☐ 불란 랄루

☐
☐ **tahun lalu** 작년
☐ 따훈 랄루

mau melakukan apa? : 무엇을 할 것인가?

시간/기간 **Anda mau melakukan apa?**

시간/기간 에 당신은 무엇을 할 거예요?

melakukan : 하다/행하다

---

besok
베속

내일

---

minggu depan
밍구 드빤

다음 주

---

bulan depan
불란 드빤

다음 달

---

tahun depan
따훈 드빤

내년

패턴 + 어휘 정리

학습한 패턴 및 어휘들만 모아서 단어와 함께 자연스럽게 익혀 보세요.

1 di urutan : 순서에

Saya ada di urutan 　서수　.

저는 　서수　 순서에 있어요.

2 hari apa? : 무슨 요일?

Hari ini hari apa?

오늘은 무슨 요일입니까?

3 punya waktu : 시간이 있다

　시간/기간　 **Anda punya waktu?**

　시간/기간　 에 당신은 시간 있어요?

4 menelepon + 사람 : (사람)에게 전화하다

　시간/기간　 **saya menelepon Anda.**

　시간/기간　 에 저는 당신에게 전화했어요.

5 mau melakukan apa? : 무엇을 할 것인가?

　시간/기간　 **Anda mau melakukan apa?**

　시간/기간　 에 당신은 무엇을 할 거예요?

실력 확인!

해석에 맞는 인도네시아어를 적어 보세요.

1	**10**	**11**

첫 번째	마지막

8월	오늘	일요일

(시간) **시**

낱말 카드

카드를 접어서 단어를 복습해 보세요. 틀린 부분은 체크(☑)하고 다시 도전!

□ □ □		□ □ □	
nol		0	

□ □ □		□ □ □	
satu		1	

□ □ □		□ □ □	
dua		2	

□ □ □		□ □ □	
tiga		3	

□ □ □		□ □ □	
empat		4	

lima	5
enam	6
tujuh	7
delapan	8
sembilan	9
sepuluh	10

seratus	100 (일백)
seribu	1,000 (일천)
sepuluh ribu	10,000 (일만)
seratus ribu	100,000 (일십만)
sejuta	1,000,000 (일백만)
ke-1 kesatu / pertama	첫 번째

ke-2
kedua

두 번째

ke-3
ketiga

세 번째

ke-4
keempat

네 번째

ke-5
kelima

다섯 번째

ke-6
keenam

여섯 번째

ke-7
ketujuh

일곱 번째

ke-8 kedelapan	여덟 번째
ke-9 kesembilan	아홉 번째
ke-10 kesepuluh	열 번째
terakhir	마지막
hari Senin	월요일
hari Selasa	화요일

hari Rabu □□□	수요일 □□□
hari Kamis □□□	목요일 □□□
hari Jumat □□□	금요일 □□□
hari Sabtu □□□	토요일 □□□
hari Minggu □□□	일요일 □□□
bulan Januari □□□	1월 □□□

bulan Februari □□□	2월 □□□
bulan Maret □□□	3월 □□□
bulan April □□□	4월 □□□
bulan Mei □□□	5월 □□□
bulan Juni □□□	6월 □□□
bulan Juli □□□	7월 □□□

bulan Agustus	8월
bulan September	9월
bulan Oktober	10월
bulan November	11월
bulan Desember	12월
jam	시 (시간)

menit □□□	분 □□□
detik □□□	초 □□□
lewat □□□	~분 후 □□□
kurang □□□	~분 전 □□□
seperempat □□□	1/4 (15분) □□□
setengah □□□	반 (30분) □□□

hari ini □□□	오늘 □□□
minggu ini □□□	이번 주 □□□
bulan ini □□□	이번 달 □□□
tahun ini □□□	올해 □□□
kemarin □□□	어제 □□□
minggu lalu □□□	지난주 □□□

bulan lalu □ □ □	지난달 □ □ □
tahun lalu □ □ □	작년 □ □ □
besok □ □ □	내일 □ □ □
minggu depan □ □ □	다음 주 □ □ □
bulan depan □ □ □	다음 달 □ □ □
tahun depan □ □ □	내년 □ □ □

Part 4

계절과 단위

1 계절
Musim

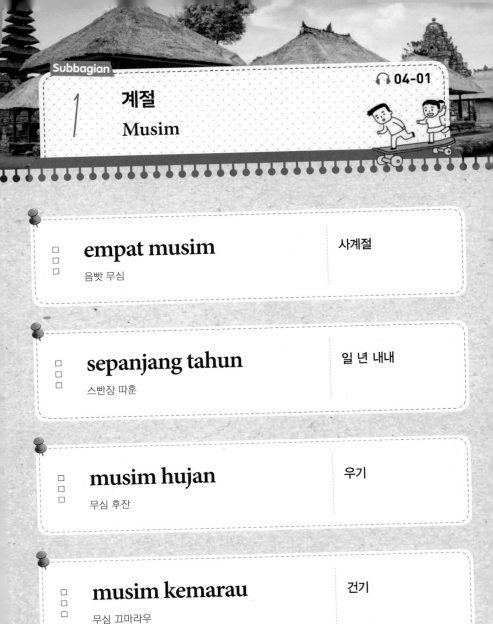

□
□
□
empat musim
음빳 무심

사계절

□
□
□
sepanjang tahun
스빤장 따훈

일 년 내내

□
□
□
musim hujan
무심 후잔

우기

□
□
□
musim kemarau
무심 끄마라우

건기

paling suka : 가장 좋아하다

Saya paling suka 계절 .

저는 계절 을 가장 좋아해요.

paling : 가장, **suka** : 좋아하다

musim semi
무심 스미

봄

musim panas
무심 빠나스

여름

musim gugur
무심 구구르

가을

musim dingin
무심 딩인

겨울

2 날씨
Cuaca

🎧 04-02

cerah
쯔라

맑다

berawan
브르아완

구름이 끼다

mendung
믄둥

흐리다

lembab
름밥

습하다

hari ini : 오늘

Hari ini   날씨   .

오늘은   날씨   해요.

□
□ **hujan**   비, 비가 내리다
□ 후잔

* '비가 내리다'라는 의미는 hujan turun입니다.
그러나 보통 hujan만을 사용합니다.

□
□ **hangat**   따뜻하다
□ 항앗

□
□ **sejuk**   시원하다
□ 스죽

□
□ **bersalju**   눈이 오다
□ 브르살주

sepertinya besok : 내일 ~일 것 같다

Sepertinya besok tidak 〔날씨〕.

내일 〔날씨〕 하지 않을 것 같아요.

sepertinya : ~일 것 같다, tidak : ~하지 않다 (부정사)

□
□ **panas** 덥다
□ 빠나스

□
□ **dingin** 춥다
□ 딩인

□
□ **berangin** 바람이 불다
□ 브르앙인

□
□ **berkabut** 안개가 끼다
□ 브르까붓

3 단위 명사
Kata Penggolong

🎧 04-03

☐☐☐ **orang**
오랑

명 (사람)

☐☐☐ **buah**
부아

개 (사물, 과일 등)

☐☐☐ **ekor**
에꼬르

마리 (동물)

☐☐☐ **batang**
바땅

그루, 봉
(둥글고 긴 것)

☐
☐ **botol**   병
☐ 보똘

☐
☐ **butir**   톨, 알
☐ 부띠르

☐
☐ **lembar**   장, 매
☐ 름바르

☐
☐ **potong**   조각
☐ 보똥

mau membeli : 살 것이다

Saya mau membeli 3 [단위 명사] kue.

저는 케이크 3 [단위 명사] 를 살 거예요.

다양한 '명칭'으로 바꿔 보세요.

(air : 물, nasi : 밥)

kue : 케이크

□
□ **gelas**
□ 글라스

잔
(컵 : 물, 음료 등)

□
□ **cangkir**
□ 짱끼르

찻잔
(손잡이가 있는 잔 :
차, 커피 등)

□
□ **piring**
□ 삐링

접시

□
□ **mangkuk**
□ 망꾹

그릇

패턴 + 어휘 정리

학습한 패턴 및 어휘들만 모아서 단어와 함께 자연스럽게 익혀 보세요.

1 **paling suka** : 가장 좋아하다

Saya paling suka [계절] .

저는 [계절] 을 가장 좋아해요.

2 **hari ini** : 오늘

Hari ini [날씨] .

오늘은 [날씨] 해요.

3 **sepertinya besok** : 내일 ~일 것 같다

Sepertinya besok tidak [날씨] .

내일 [날씨] 하지 않을 것 같아요.

4 **Minta** : 주세요 (문장의 시작일 때)　　다양한 '명칭'으로 바꿔 보세요.

Minta 5 [단위 명사] **kopi!**

커피 5 [단위 명사] 주세요!

5 **mau membeli** : 살 것이다　　다양한 '명칭'으로 바꿔 보세요.

Saya mau membeli 3 [단위 명사] **kue.**

저는 케이크 3 [단위 명사] 를 살 거예요.

실력 확인!

그림과 어울리는 단어를 찾아 연결해 보세요.

	bersalju
	berangin
	panas
	batang
	potong

낱말 카드

카드를 접어서 단어를 복습해 보세요. 틀린 부분은 체크(☑)하고 다시 도전!

□ □ □	□ □ □
empat musim	사계절
□ □ □	□ □ □
sepanjang tahun	일 년 내내
□ □ □	□ □ □
musim hujan	우기
□ □ □	□ □ □
musim kemarau	건기
□ □ □	□ □ □
musim semi	봄

musim panas □ □ □	여름 □ □ □
musim gugur □ □ □	가을 □ □ □
musim dingin □ □ □	겨울 □ □ □
cerah □ □ □	맑다 □ □ □
berawan □ □ □	구름이 끼다 □ □ □
mendung □ □ □	흐리다 □ □ □

lembab	습하다
hujan	비, 비가 내리다
hangat	따뜻하다
sejuk	시원하다
bersalju	눈이 오다
panas	덥다
dingin	춥다

berangin	바람이 불다
berkabut	안개가 끼다
orang	명(사람)
buah	개 (사물, 과일 등)
ekor	마리 (동물)
batang	그루, 봉 (둥글고 긴 것)
botol	병

butir	톨, 알
lembar	장, 매
potong	조각
gelas	잔 (컵 : 물, 음료 등)
cangkir	찻잔 (손잡이가 있는 잔 : 차, 커피 등)
piring	접시
mangkuk	그릇

Part

5

직업과 업무

미리보기

1 **직업** Pekerjaan

2 **업무** Urusan Pekerjaan

1 직업
Pekerjaan

🎧 05-01

pengusaha
뿡우사하

사업가

karyawan
까르야완

회사원

pegawai negeri
쁘가와이 느그리

공무원

pengacara
뿡아짜라

변호사

ingin menjadi : ~되고 싶다

Saya ingin menjadi 직업 .

저는 직업 이 되고 싶어요.

ingin : 원하다, menjadi : 되다

☐
☐
☐
dokter
독뜨르

의사

☐
☐
dokter gigi
독뜨르 기기

치과 의사

☐
☐
☐
suster 수스뜨르
perawat 브라왓

간호사

☐
☐
☐
polisi
뽈리시

경찰(관)

Apakah Anda seorang 직업 ?

당신은 직업 입니까?

seorang : 한 사람/1인

	penyanyi	가수
☐ ☐	쁘냐니	

	bintang film	영화 배우
☐ ☐	빈땅 필름	

	artis	연예인
☐ ☐	아르띠스	

	perancang	디자이너
☐ ☐	쁘란짱	

bukan : ~이(가) 아니다 (부정어)

Saya bukan 직업 .

저는 직업 이 아닙니다.

☐
☐   **koki**
☐
꼬끼

요리사

☐
☐   **ibu rumah tangga**
☐
이부 루마 땅가

가정주부

☐
☐   **guru**
☐
구루

교사

☐
☐   **dosen**
☐
도센

교수, 대학 강사

Dia adalah seorang 직업 .

그/그녀는 직업 입니다.

adalah : ~이다

mahasiswa
마하시스와

대학생

pelajar
블라자르

학생

sopir
소삐르

운전 기사

wartawan
와르따완

기자

2 업무
Urusan Pekerjaan

gaji 가지	월급

THR (Tunjangan Hari Raya) 떼하에르	명절 상여금

honor 호노르	사례금

uang pensiun 우왕 뻰시운	퇴직금

minta izin : 허가를 청하다

Dia minta izin untuk [업무].

그/그녀는 [업무] 를 위한 허가를 요청했어요.

izin : 허가/승인

☐☐☐ **absen** 압센	결근
☐☐☐ **dinas** 디나스	외근, 출장
☐☐☐ **lembur** 름부르	야근
☐☐☐ **cuti** 쭈띠	유급 휴가

besok ada : 내일 ~이(가) 있다

Besok ada 　　업무　　.

내일　업무　가 있습니다.

□□□ **rapat** | 회의
라빳 |

□□□ **wawancara** | 면접
와완짜라 |

□□□ **presentasi** | 발표
쁘레센따시 |

□□□ **konsultasi** | 상담
꼰술따시 |

패턴 + 어휘 정리

학습한 패턴 및 어휘들만 모아서 단어와 함께 자연스럽게 익혀 보세요.

1 **ingin menjadi** : ~되고 싶다

Saya ingin menjadi ⬚ 직업 ⬚.

저는 ⬚ 직업 ⬚ 이 되고 싶어요.

2 **apakah** : ~합니까?/~입니까? (일반의문문에 사용하는 의문사)

Apakah Anda seorang ⬚ 직업 ⬚?

당신은 ⬚ 직업 ⬚ 입니까?

3 **bukan** : ~이(가) 아니다 (부정어)

Saya bukan ⬚ 직업 ⬚.

저는 ⬚ 직업 ⬚ 이 아닙니다.

4 인칭대명사 + **adalah seorang** : (인칭대명사)는 ~이다

Dia adalah seorang ⬚ 직업 ⬚.

그/그녀는 ⬚ 직업 ⬚ 입니다.

⑤ **minta izin** : 허가를 청하다

Dia minta izin untuk 업무 .

그/그녀는 업무 를 위한 허가를 요청했어요.

⑥ **besok ada** : 내일 ~이(가) 있다

Besok ada 업무 .

내일 업무 가 있습니다.

실력 확인!

맞는 직업 또는 업무끼리 연결해 보세요.

회사원	• •	koki
경찰(관)	• •	karyawan
요리사	• •	lembur
연예인	• •	polisi
야근	• •	artis

낱말 카드

카드를 접어서 단어를 복습해 보세요. 틀린 부분은 체크(☑)하고 다시 도전!

□□□ pengusaha	□□□ 사업가
□□□ karyawan	□□□ 회사원
□□□ pegawai negeri	□□□ 공무원
□□□ pengacara	□□□ 변호사
□□□ dokter	□□□ 의사

dokter gigi ☐☐☐	치과 의사 ☐☐☐
suster perawat ☐☐☐	간호사 ☐☐☐
polisi ☐☐☐	경찰 (관) ☐☐☐
penyanyi ☐☐☐	가수 ☐☐☐
bintang film ☐☐☐	영화 배우 ☐☐☐
artis ☐☐☐	연예인 ☐☐☐

perancang	디자이너
koki	요리사
ibu rumah tangga	가정주부
guru	교사
dosen	교수, 대학 강사
mahasiswa	대학생

pelajar	학생
sopir	운전 기사
wartawan	기자
gaji	월급
THR (Tunjangan Hari Raya)	명절 상여금
honor	사례금

uang pensiun	퇴직금
absen	결근
dinas	외근, 출장
lembur	야근
cuti	유급 휴가
rapat	회의

wawancara	면접
presentasi	발표
konsultasi	상담

과목과 전공

1 과목
Mata Pelajaran

🎧 06-01

☐☐☐ **kesenian**
꼬스니안

미술

☐☐☐ **pendidikan jasmani**
쁜디디깐 자스마니

체육

☐☐☐ **ilmu pengetahuan alam**
일무 쁭으따후안 알람

자연과학

☐☐☐ **ilmu pengetahuan sosial**
일무 쁭으따후안 소시알

사회과학

Saya sedang belajar 과목 sekarang.

저는 지금 과목 을 공부하고 있어요.

sedang : ~하는 중이다, belajar : 공부하다, sekarang : 지금

sejarah
스자라

역사

ekonomi
에꼬노미

경제

bahasa Inggris
바하사 잉그리스

영어

matematika
마뜨마띠까

수학

kimia
끼미아

화학

fisika
피시까

물리학

biologi
비올로기

생물학

geografi
게오그라피

지리학

mau memilih : 선택할 것이다, 선택하고 싶다

Dia mau memilih jurusan [전공] .

그/그녀는 [전공] 을 선택할 거예요.

memilih : 선택하다/고르다

☐☐☐ **teknik mesin**
떼닉 므신

기계공학

☐☐☐ **kedokteran**
끄독뜨란

의학

☐☐☐ **arsitektur**
아르시떼뚜르

건축학

☐☐☐ **ilmu komputer**
일무 꼼뿌뜨르

컴퓨터 과학

Jurusan 전공 **paling diminati.**

paling diminati : 가장 인기 있다

전공 이 가장 인기 있어요.

diminati : 좋아하는/인기있는

- **filsafat**
  필사팟

  철학

- **ilmu hukum**
  일무 후꿈

  법학

- **manajemen**
  마나즈멘

  경영학

- **ilmu politik**
  일무 뽈리띡

  정치학

mengambil jurusan : 전공하다

Saya mengambil jurusan [전공].

저는 [전공] 을 전공했어요.

kedokteran gigi 치과학

끄독뜨란 기기

akuntansi 회계학

아꾼딴시

antropologi 인류학

안뜨로뽈로기

sosiologi 사회학

소시올로기

패턴 + 어휘 정리

학습한 패턴 및 어휘들만 모아서 단어와 함께 자연스럽게 익혀 보세요.

1 **sedang + 동사 : (동사)하고 있다**

Saya sedang belajar [과목] **sekarang.**

저는 지금 [과목] 을 공부하고 있어요.

2 **mau memilih : 선택할 것이다, 선택하고 싶다**

Dia mau memilih jurusan [전공].

그/그녀는 [전공] 을 선택할 거예요.

3 **paling diminati : 가장 인기 있다**

Jurusan [전공] **paling diminati.**

[전공] 이 가장 인기 있어요.

4 **mengambil jurusan : 전공하다**

Saya mengambil jurusan [전공].

저는 [전공] 을 전공했어요.

실력 확인!

'과목/전공'에 관련된 단어를 찾아서 미로를 탈출해 보세요.

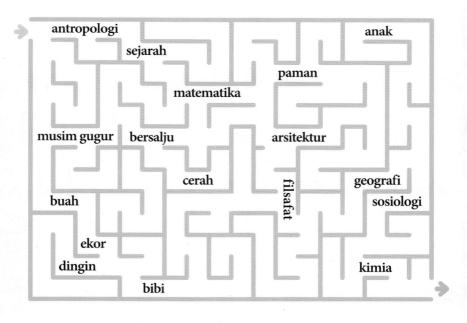

antropologi

anak

sejarah

paman

matematika

musim gugur   bersalju   arsitektur

cerah   filsafat   geografi

buah   sosiologi

ekor

dingin   kimia

bibi

낱말 카드

카드를 접어서 단어를 복습해 보세요. 틀린 부분은 체크(☑)하고 다시 도전!

kesenian	미술
pendidikan jasmani	체육
ilmu pengetahuan alam	자연과학
ilmu pengetahuan sosial	사회과학
sejarah	역사

ekonomi

경제

bahasa Inggris

영어

matematika

수학

kimia

화학

fisika

물리학

biologi	생물학
geografi	지리학
teknik mesin	기계공학
kedokteran	의학
arsitektur	건축학
ilmu komputer	컴퓨터 과학

filsafat □□□	철학 □□□
ilmu hukum □□□	법학 □□□
manajemen □□□	경영학 □□□
ilmu politik □□□	정치학 □□□
kedokteran gigi □□□	치과학 □□□
akuntansi □□□	회계학 □□□

| antropologi | 인류학 |
| sosiologi | 사회학 |

1 취미
Hobi

🎧 07-01

☐☐☐ **berolahraga**
브르올라흐 라가

운동하다

☐☐☐ **memotret**
므모뜨렛

사진을 찍다

☐☐☐ **membaca buku**
음바짜 부꾸

책을 읽다

☐☐☐ **membaca novel**
음바짜 노펠

소설을 읽다

---

hobi saya : 나의 취미

Hobi saya 　취미　 .

제 취미는 　취미　 예요.

□
□ **menari**　　　　　　　　춤을 추다
□
　　므나리

□
□ **berkemah**　　　　　　　캠핑하다
□
　　브르끄마

□
□ **bermain sepak bola**　　축구하다
□
　　브르마인 세빡 볼라

□
□ **membuat kue**　　　　　케이크를 만들다
□
　　음부앗 꾸에

kalau olahraga : 스포츠라면

Kalau olahraga, saya paling suka [취미].

스포츠라면, [취미] 하는 것을 가장 좋아해요.

kalau : ~(으)면, olahraga : 스포츠

berenang 브르낭	수영하다

bermain basket 브르마인 바스껫	농구를 하다

bersepeda 브르스뻬다	자전거를 타다

bermain bulu tangkis 브르마인 불루 땅끼스	배드민턴을 치다

kalau ada waktu : 시간이 있을 때

Kalau ada waktu, saya 취미 .

시간이 있을 때, 저는 취미 를 해요.

waktu : 시간

---

menulis
므눌리스

(글을) 쓰다

---

melukis
믈루끼스

그림을 그리다
(painting)

---

bermain tenis
브르마인 떼니스

테니스를 치다

---

menyanyi
므냐니

노래하다

---

ketika sedih : 우울할 때

Ketika sedih, saya biasanya 취미 .

우울할 때, 저는 보통 취미 를 해요.

ketika : ~할 때, sedih : 우울하다/슬프다, biasanya : 보통

☐
☐
☐

menonton film
므논똔 필름

영화를 보다

☐
☐
☐

mendengarkan musik
믄등아르깐 무식

음악을 듣다

☐
☐
☐

berwisata
브르위사따

여행하다

☐
☐
☐

berjalan-jalan
브르잘란-잘란

산책하다, 놀러가다

setiap + 요일/월 : (요일/월)마다

Dia 〔취미〕 setiap hari Sabtu.

그/그녀는 토요일마다 〔취미〕 해요.

setiap : ~마다

☐☐☐ **bermain piano**
브르마인 삐아노

피아노를 치다

☐☐☐ **naik gunung**
나익 구눙

등산하다

☐☐☐ **mengoleksi perangko**
믕올렉시 쁘랑꼬

우표를 수집하다

☐☐☐ **memasak**
므마삭

요리하다

Saya merasa sangat senang ketika 　취미　 .

　취미　 를 할 때 저는 매우 즐거워요.

merasa : 느끼다, **senang** : 즐겁다/기쁘다, **sangat** : 매우

☐☐☐ **berbelanja**

브르블란자

쇼핑하다

☐☐☐ **bermain** *game*

브르마인 게임

게임을 하다

☐☐☐ **membaca puisi**

믐바짜 뿌이시

시를 읽다

☐☐☐ **bermain bowling**

브르마인 볼링

볼링을 치다

→ **lebih suka** : 더 좋아하다

Saya lebih suka 〔취미〕 **daripada** 〔취미〕 .

저는 〔취미〕 보다 〔취미〕 를 더 좋아해요.

lebih : 더, **daripada** : ~보다

☐
☐
☐ **berselancar**
브르슬란짜르

서핑하다,
파도타기 하다

☐
☐
☐ **berkebun**
브르끄분

정원을 가꾸다

☐
☐
☐ **memancing**
므만찡

낚시하다

☐
☐
☐ **bermain golf**
브르마인 골프

골프를 치다

패턴 + 어휘 정리

학습한 패턴 및 어휘들만 모아서 단어와 함께 자연스럽게 익혀 보세요.

1 ⤳ **hobi saya** : 나의 취미

Hobi saya [취미].

제 취미는 [취미] 예요.

2 ⤳ **kalau olahraga** : 스포츠라면

Kalau olahraga, saya paling suka [취미].

스포츠라면, [취미] 하는 것을 가장 좋아해요.

3 ⤳ **kalau ada waktu** : 시간이 있을 때

Kalau ada waktu, saya [취미].

시간이 있을 때, 저는 [취미]를 해요.

4 ⤳ **ketika sedih** : 우울할 때

Ketika sedih, saya biasanya [취미].

우울할 때, 저는 보통 [취미]를 해요.

5 **Dia** 취미 **setiap hari Sabtu.**

> setiap + 요일/월 : (요일/월)마다

그/그녀는 토요일마다 취미 해요.

6 **Saya merasa sangat senang ketika** 취미 **.**

> merasa sangat senang : 매우 즐겁다

취미 를 할 때 저는 매우 즐거워요.

7 **Saya lebih suka** 취미 **daripada** 취미 **.**

> lebih suka : 더 좋아하다

저는 취미 보다 취미 를 더 좋아해요.

실력 확인!

빈칸을 채워 단어를 완성해 보세요.

membaca ⬜	⬜ sepak bola
책을 읽다	축구하다
menonton ⬜	⬜ gunung
영화를 보다	등산하다

⬜	⬜	⬜
수영하다	노래하다	요리하다

⬜

쇼핑하다

낱말 카드

낱말 카드를 접어서 단어를 복습해 보세요. 틀린 부분은 체크(☑)하고 다시 도전!

berolahraga	운동하다
memotret	사진을 찍다
membaca buku	책을 읽다
membaca novel	소설을 읽다
menari	춤을 추다

berkemah	캠핑하다
bermain sepak bola	축구하다
membuat kue	케이크를 만들다
berenang	수영하다
bermain basket	농구를 하다
bersepeda	자전거를 타다

bermain bulu tangkis □□□	배드민턴을 치다 □□□
menulis □□□	(글을) 쓰다 □□□
melukis □□□	그림을 그리다 (painting) □□□
bermain tenis □□□	테니스를 치다 □□□
menyanyi □□□	노래하다 □□□
menonton film □□□	영화를 보다 □□□

mendengarkan musik	음악을 듣다
berwisata	여행하다
berjalan-jalan	산책하다, 놀러가다
bermain piano	피아노를 치다
naik gunung	등산하다
mengoleksi perangko	우표를 수집하다

memasak	요리하다
berbelanja	쇼핑하다
bermain *game*	게임을 하다
membaca puisi	시를 읽다
bermain bowling	볼링을 치다
berselancar	서핑하다, 파도타기 하다

berkebun	정원을 가꾸다
memancing	낚시하다
bermain golf	골프를 치다

Part
8

감정과 외모

1 감정 / 표현
Perasaan / Ekspresi

🎧 08-01

☐☐☐ **suka**
수까

좋아하다

☐☐☐ **cinta**
찐따

사랑하다

☐☐☐ **benci**
븐찌

미워하다

☐☐☐ **kurang suka**
꾸랑 수까

그다지 좋아하지 않다

bahagia
바하기아

행복하다

senang
스낭

기쁘다

sedih
스디

슬프다

malu
말루

부끄럽다

marah
마라

화나다

bosan
보산

심심하다

takut
따꿋

무섭다

kesal
끄살

짜증 나다

jarang : 거의 ~하지 않다

Dia jarang 감정/표현 .

그/그녀는 거의 감정/표현 하지 않아요.

□
□ **tersenyum**
□ 뜨르스늄

미소 짓다

□
□ **tertawa**
□ 뜨르따와

폭소하다, 활짝 웃다

□
□ **menangis**
□ 므낭이스

울다

□
□ **gugup**
□ 구굽

긴장하다

2 성격
Sifat

🎧 08-02

□
□ **baik**
바익

좋다, 선하다

□
□ **baik hati**
바익 하띠

착하다

□
□ **ramah**
라마

친절하다

□
□
□ **punya pengertian**
뿌냐 뽕으르띠안

이해심이 많다

saya suka + 명사 : 나는 (명사)를 좋아하다

Saya suka **orang yang** [성격] .

저는 [성격] 한 사람을 좋아해요.

✽ 이 문장에서 'yang'은 '~하는 사람'이라는 의미로 사람의 특징을 묘사하는 역할을 합니다.

☐☐☐ **lembut**
름붓

부드럽다

☐☐☐ **cerewet**
쯔레웻

말이 많다

☐☐☐ **ceria**
쯔리아

밝다

☐☐☐ **mudah bergaul**
무다흐 브르가울

사교적이다

ternyata : 알고 보니 ~하다

Ternyata dia orang yang [성격].

알고 보니 그/그녀는 [성격] 한 사람이에요.

□
□ **jujur** 솔직하다
□
주주르

□
□ **sopan** 공손하다
□
소빤

□
□ **halus** 섬세하다
□
할루스

□
□ **humoris** 유머 감각이 있다
□
후모리스

saya pikir : 나는 ~라고 생각하다

Saya pikir **dia tidak** [성격].

저는 그/그녀가 [성격] 하지 않다고 생각해요.

pikir : 생각하다

□
□
□

kasar
까사르

거칠다

□
□
□

pelit
쁠릿

인색하다, 구두쇠

□
□
□

jahat
자핫

나쁘다, 악하다

□
□
□

malas
말라스

게으르다

Subbagian

3 외모
Penampilan

08-03

---

cantik
짠띡

예쁘다

---

tampan
땀빤

잘생기다

---

jelek
즐렉

못생기다

---

langsing
랑싱

날씬하다

---

lebih + 외모 + daripada : ~보다 더 (외모)하다

Dia lebih 　외모　 daripada saya.

그/그녀는 저보다 더 　외모　 해요.

□
□ **gemuk** 　　　　　　　　　　　　통통하다
　그묵

□
□ **kurus** 　　　　　　　　　　　　말랐다
　꾸루스

□
□ **keren** 　　　　　　　　　　　　멋있다
　끄렌

□
□ **gagah** 　　　　　　　　　　　　체격이 좋다
□
　가가

kelihatan + 외모 : (외모)해 보이다

Dia kelihatan ⬚ 외모 .

그/그녀는 외모 해 보여요.

kelihatan : 보이다

☐
☐ **tinggi** 키가 크다
☐ 띵기

☐
☐ **pendek** 키가 작다
☐ 뻰덱

☐
☐ **elegan** 우아하다
☐ 엘레간

☐
☐ **imut** 귀엽다
☐ 이뭇

orang yang sangat ~ : 매우 ~한 사람

Teman saya orang yang sangat [외모].

제 친구는 매우 [외모] 한 사람이에요.

teman saya : 나의 친구

□
□ **rapi**　　　　　　　　　　　　　깔끔하다
□ 라삐

□
□ **berantakan**　　　　　　　　　너저분하다,
□ 브란따깐　　　　　　　　　　　　깔끔하지 않다

□
□ **feminin**　　　　　　　　　　　여성스럽다
□ 페미닌

□
□ **maskulin**　　　　　　　　　　남성스럽다
□ 마스꿀린

패턴 + 어휘 정리

학습한 패턴 및 어휘들만 모아서 단어와 함께 자연스럽게 익혀 보세요.

1 　　⤷ **hari ini saya** : 오늘 나는

Hari ini saya 　감정/표현　 **sekali!**

오늘 저는 매우 　감정/표현　 해요!

2 　　　　⤷ **Anda** + 형용사 : 당신은 (형용사)하다

Apakah Anda 　감정/표현　 **?**

당신은 　감정/표현　 해요?

3 　　⤷ **jarang** : 거의 ~하지 않다

Dia jarang 　감정/표현　 **.**

그/그녀는 거의 　감정/표현　 하지 않아요.

4 　　⤷ **saya suka** + 명사 : 나는 (명사)를 좋아하다

Saya suka orang yang 　성격　 **.**

저는 　성격　 한 사람을 좋아해요.

5 　　⤷ **ternyata** : 알고 보니 ~하다

Ternyata dia orang yang 　성격　 **.**

알고 보니 그/그녀는 　성격　 한 사람이에요.

6 → saya pikir : 나는 ~라고 생각하다

Saya pikir **dia tidak** 성격 .

저는 그/그녀가 성격 하지 않다고 생각해요.

7 → lebih + 외모 + daripada : ~보다 더 (외모)하다

Dia lebih 외모 daripada **saya.**

그/그녀는 저보다 더 외모 해요.

8 → kelihatan + 외모 : (외모)해 보이다

Dia kelihatan 외모 .

그/그녀는 외모 해 보여요.

9 → orang yang sangat ~ : 매우 ~한 사람

Teman saya orang yang sangat 외모 .

제 친구는 매우 외모 한 사람이에요.

실력 확인!

표정과 맞는 단어를 연결해 보세요.

tertawa

sedih

takut

malu

낱말 카드

낱말카드를 접어서 단어를 복습해 보세요. 틀린 부분은 체크(☑)하고 다시 도전!

suka ☐☐☐	좋아하다 ☐☐☐
cinta ☐☐☐	사랑하다 ☐☐☐
benci ☐☐☐	미워하다 ☐☐☐
kurang suka ☐☐☐	그다지 좋아하지 않다 ☐☐☐
bahagia ☐☐☐	행복하다 ☐☐☐

senang	기쁘다
sedih	슬프다
malu	부끄럽다
marah	화나다
bosan	심심하다
takut	무섭다

kesal □□□	짜증 나다 □□□
tersenyum □□□	미소 짓다 □□□
tertawa □□□	폭소하다, 활짝 웃다 □□□
menangis □□□	울다 □□□
gugup □□□	긴장하다 □□□
baik □□□	좋다, 선하다 □□□

baik hati	착하다
ramah	친절하다
punya pengertian	이해심이 많다
lembut	부드럽다
cerewet	말이 많다
ceria	밝다

mudah bergaul □□□	사교적이다 □□□
jujur □□□	솔직하다 □□□
sopan □□□	공손하다 □□□
halus □□□	섬세하다 □□□
humoris □□□	유머 감각이 있다 □□□
kasar □□□	거칠다 □□□

pelit	인색하다, 구두쇠
jahat	나쁘다, 악하다
malas	게으르다
cantik	예쁘다
tampan	잘생기다
jelek	못생기다

langsing □□□	날씬하다 □□□
gemuk □□□	통통하다 □□□
kurus □□□	말랐다 □□□
keren □□□	멋있다 □□□
gagah □□□	체격이 좋다 □□□
tinggi □□□	키가 크다 □□□

pendek	키가 작다
elegan	우아하다
imut	귀엽다
rapi	깔끔하다
berantakan	너저분하다, 깔끔하지 않다
feminin	여성스럽다
maskulin	남성스럽다

Part

9

신체와 증상

kepala
끄빨라

머리

pinggang
삥강

허리

punggung
뿡궁

등

bahu
바후

어깨

panjang sekali : 매우 길다

신체 **Anda** panjang sekali.

당신의 신체 는 매우 기네요.

panjang : 길다

rambut
람붓

머리카락

poni
뽀니

앞머리

bulu mata
불루 마따

속눈썹

kuku
꾸꾸

손톱

mirip dengan : ~와(과) 닮다

신체 **saya mirip dengan ibu saya.**

제 신체 는 우리 엄마를 닮았어요.

mirip : 닮다/비슷하다

□
□ **mata** 눈
마따

□
□ **hidung** 코
히둥

□
□ **bibir** 입술
비비르

□
□ **telinga** 뜰링아 귀
□ **kuping** 꾸삥

---

terlihat lebih : 더 ~해 보이다

신체 **Anda terlihat lebih gemuk.**

당신의 신체 는 더 통통해 보여요.

terlihat : 보이다

☐
☐ **pipi**   뺨
삐삐

☐
☐ **badan** 바단   몸
☐ **tubuh** 뚜부

☐
☐ **paha**   허벅지
☐ 빠하

☐ **bokong** 보꽁   엉덩이
☐
☐ **pantat** 빤땃

신체 **orang itu cantik sekali.**

그 사람은 신체 가 매우 예뻐요.

itu : 그(지시사)

☐
☐
☐
wajah 와자

muka 무까

얼굴

☐
☐
☐
alis

알리스

눈썹

☐
☐
☐
tangan

땅안

손

☐
☐
☐
kaki

까끼

다리

2 질병 / 증상
Penyakit / Gejala

🎧 09-02

sakit kepala 사낏 끄빨라	머리가 아프다

sakit tenggorokan 사낏 뜽고로깐	목이 아프다

sakit perut 사낏 쁘룻	배가 아프다

sakit gigi 사낏 기기	이가 아프다

tidak masuk kantor : 출근하지 않다

Dia 질병/증상 **jadi tidak masuk kantor.**

그/그녀는 질병/증상 해서 출근하지 않았어요.

jadi : 그래서

□ **masuk angin** □ 마숙 앙인	감기에 걸리다
□ **demam** □ 드맘	열이 나다
□ **pusing** □ 뿌싱	어지럽다
□ **patah tulang** □ 빠따 뚤랑	뼈가 부러지다, 골절되다

인칭대명사 + **kelihatan** : (인칭대명사)는 ~해 보이다/~한 듯 하다

Anda kelihatan [질병/증상] **.**

당신은 [질병/증상] 해 보여요.

☐
☐ **pucat**   창백하다
☐
뿌짯

☐
☐ **lelah**   피곤하다
☐
를라

☐
☐ **tidak enak badan**   컨디션이 안 좋다
☐
띠닥 에낙 바단

☐
☐ **lesu**   힘이 없다
☐
르수

Dia masih 질병/증상 **sampai sekarang.**

그/그녀는 지금까지 여전히 질병/증상 해요.

sampai : ~까지, **sekarang** : 지금

☐
☐
☐

mual

무알

메스껍다

☐
☐
☐

mimisan

미미산

코피가 나다

☐
☐
☐

berdarah

브르다라

피가 나다

☐
☐
☐

batuk

바뚝

기침을 하다

---

harus beristirahat : 쉬어야 한다

Dia harus beristirahat karena tadi 　질병/증상　 .

그/그녀는 조금 전에 　질병/증상　 해서 쉬어야 해요.

harus : ~해야 한다, **beristirahat** : 쉬다, **karena** : ~때문에, **tadi** : 조금 전/아까

☐
☐ **muntah**　　　　　　　　　　토하다
☐
문따

☐
☐ **diare**　　　　　　　　　　설사를 하다
☐
디아레

☐
☐ **terkilir**　　　　　　　　　삐다, 접질리다
☐
뜨르낄리르

☐
☐ **terluka**　　　　　　　　　상처가 나다, 다치다
☐
뜨를루까

→ tidak bisa pergi : 갈 수 없다

Saya tidak bisa pergi karena 질병/증상 .

질병/증상 때문에 저는 갈 수 없어요.

tidak bisa : ~할 수 없다

flu
플루

감기

selesma
셀레스마

독감

kaki kram
까끼 끄람

발(다리)의 경련

gangguan pencernaan
강구안 쁜쯔르나안

배탈

Dia masuk rumah sakit karena 질병/증상 .

그/그녀는 질병/증상 때문에 입원했어요.

masuk : 들어가다, **rumah sakit** : 병원

☐
☐ **radang usus** 장염
☐
라당 우수스

☐
☐ **keracunan makanan** 식중독
☐
끄라쭈난 마까난

☐
☐ **anemia** 빈혈
☐
아네미아

☐
☐ **alergi** 알레르기
☐
알레르기

패턴 + 어휘 정리

학습한 패턴 및 어휘들만 모아서 단어와 함께 자연스럽게 익혀 보세요.

1 　신체　 **Anda** panjang sekali.

↱ **panjang sekali** : 매우 길다

당신의 　신체　 는 매우 기네요.

2 　신체　 **saya** mirip dengan **ibu saya.**

↱ **mirip dengan** : ~와(과) 닮다

제 　신체　 는 우리 엄마를 닮았어요.

3 　신체　 **Anda** terlihat lebih **gemuk.**

↱ **terlihat lebih** : 더 ~해 보이다

당신의 　신체　 는 더 통통해 보여요.

4 　신체　 **orang itu** cantik sekali.

↱ **cantik sekali** : 매우 예쁘다

그 사람은 　신체　 가 매우 예뻐요.

5 **Dia** 　질병/증상　 **jadi** tidak masuk kantor.

↱ **tidak masuk kantor** : 출근하지 않다

그/그녀는 　질병/증상　 해서 출근하지 않았어요.

6 인칭대명사 + **kelihatan** : (인칭대명사)는 ~해 보이다/~한 듯 하다

Anda kelihatan 질병/증상 .

당신은 질병/증상 해 보여요.

7 **sampai sekarang** : 지금까지

Dia masih 질병/증상 **sampai sekarang.**

그/그녀는 지금까지 여전히 질병/증상 해요.

8 **harus beristirahat** : 쉬어야 한다

Dia harus beristirahat karena tadi 질병/증상 .

그/그녀는 조금 전에 질병/증상 해서 쉬어야 해요.

9 **tidak bisa pergi** : 갈 수 없다

Saya tidak bisa pergi karena 질병/증상 .

질병/증상 때문에 저는 갈 수 없어요.

10 **masuk rumah sakit** : 입원하다

Dia masuk rumah sakit karena 질병/증상 .

그/그녀는 질병/증상 때문에 입원했어요.

실력 확인!

그림에 맞는 신체 부위를 <보기>에서 찾아 보세요.

tangan	rambut	poni	alis
telinga	kaki	pinggang	bahu

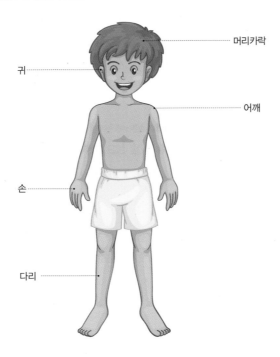

머리카락

귀

어깨

손

다리

정답

머리카락 : rambut / 귀 : telinga / 어깨 : bahu / 손 : tangan / 다리 : kaki

낱말 카드

카드를 접어서 단어를 복습해 보세요. 틀린 부분은 체크(☑)하고 다시 도전!

☐ ☐ ☐	☐ ☐ ☐
kepala	머리

☐ ☐ ☐	☐ ☐ ☐
pinggang	허리

☐ ☐ ☐	☐ ☐ ☐
punggung	등

☐ ☐ ☐	☐ ☐ ☐
bahu	어깨

☐ ☐ ☐	☐ ☐ ☐
rambut	머리카락

poni

앞머리

bulu mata

속눈썹

kuku

손톱

mata

눈

hidung

코

bibir

입술

telinga kuping □□□	귀 □□□
pipi □□□	뺨 □□□
badan tubuh □□□	몸 □□□
paha □□□	허벅지 □□□
bokong pantat □□□	엉덩이 □□□
wajah muka □□□	얼굴 □□□

alis □□□	눈썹 □□□
tangan □□□	손 □□□
kaki □□□	다리 □□□
sakit kepala □□□	머리가 아프다 □□□
sakit tenggorokan □□□	목이 아프다 □□□
sakit perut □□□	배가 아프다 □□□

sakit gigi □□□	이가 아프다 □□□
masuk angin □□□	감기에 걸리다 □□□
demam □□□	열이 나다 □□□
pusing □□□	어지럽다 □□□
patah tulang □□□	뼈가 부러지다, 골절되다 □□□
pucat □□□	창백하다 □□□

lelah	피곤하다
tidak enak badan	컨디션이 안 좋다
lesu	힘이 없다
mual	메스껍다
mimisan	코피가 나다
berdarah	피가 나다

batuk	기침을 하다
muntah	토하다
diare	설사를 하다
terkilir	삐다, 접질리다
terluka	상처가 나다, 다치다
flu	감기

selesma	독감
kaki kram	발(다리)의 경련
gangguan pencernaan	배탈
radang usus	장염
keracunan makanan	식중독
anemia	빈혈
alergi	알레르기

1 방향
Arah

□□□ **kiri**
끼리

왼쪽

□□□ **kanan**
까난

오른쪽

□□□ **depan**
드빤

앞

□□□ **belakang**
블라깡

뒤

harus : ~해야 한다

Di perempatan Anda harus ⬚방향⬚ .

사거리에서 당신은 ⬚방향⬚ 해야 해요.

perempatan : 사거리

☐☐☐ **lurus**
루루스

직진하다

☐☐☐ **putar balik**
뿌따르 발릭

유턴하다

☐☐☐ **belok kanan**
벨록 까난

우회전하다

☐☐☐ **belok kiri**
벨록 끼리

좌회전하다

ke arah : ~쪽으로

Dia tadi berjalan ke arah [방향].

그/그녀는 아까 [방향] 쪽으로 걸어 갔어요.

berjalan : 걷다

☐☐☐ **timur**
띠무르

동

☐☐☐ **barat**
바랏

서

☐☐☐ **selatan**
슬라딴

남

☐☐☐ **utara**
우따라

북

2 위치
Letak

🎧 10-02

- **atas**
  아따스

  위

- **bawah**
  바와

  아래

- **dalam**
  달람

  안

- **luar**
  루아르

  밖

berdiri di : ~에 서 있다

Dia berdiri di [위치] jalan itu.

그/그녀는 그 길 [위치] 에 서 있어요.

berdiri : 서다/서 있다, **jalan** : 길/도로

samping 삼삥 **sebelah** 스블라	옆

tepi 뜨삐	가장자리

tengah 뜽아	가운데

seberang 스브랑	건너편

3 교통수단
Alat Transportasi

🎧 10-03

---

kendaraan
끈다라안

차량, 탈것
(운송기구)

---

mobil
모빌

자동차

---

motor
모또르

오토바이

---

sepeda
스뻬다

자전거

---

pergi ke : ~에 가다

Saya pergi ke kantor naik 　교통수단　.

저는 　교통수단　 을 타고 회사에 가요.

kantor : 회사/사무실, **naik** : 타다

□
□ **bus**
부스

버스

□
□ **angkot**
앙꼿

앙꼿

★ 12명 정도 탈 수 있는 마을버스 개념의 미니버스

□
□ **ojek**
오젝

오젝

★ 택시 개념의 영업용 오토바이

□
□ **bajaj**
바자이

바자이

★ 영업용 삼륜차

Saya datang ke sini naik [교통수단].

naik + 교통수단 : (교통수단)을 타다

저는 여기에 [교통수단] 을 타고 왔어요.

datang : 오다, **sini** : 여기

☐☐☐ **pesawat**
쁘사왓

비행기

☐☐☐ **kapal**
까빨

배

☐☐☐ **kereta**
끄레따

기차

☐☐☐ **taksi**
딱시

택시

패턴 + 어휘 정리

학습한 패턴 및 어휘들만 모아서 단어와 함께 자연스럽게 익혀 보세요.

1 **harus** : ~해야 한다

Di perempatan Anda harus 방향 .

사거리에서 당신은 방향 해야 해요.

2 **ke arah** : ~쪽으로

Dia tadi berjalan ke arah 방향 .

그/그녀는 아까 방향 쪽으로 걸어 갔어요.

3 **berdiri di** : ~에 서 있다

Dia berdiri di 위치 **jalan itu.**

그/그녀는 그 길 위치 에 서 있어요.

4 **pergi ke** : ~에 가다

Saya pergi ke kantor naik 교통수단 .

저는 교통수단 을 타고 회사에 가요.

5 **naik + 교통수단** : (교통수단)을 타다

Saya datang ke sini naik 교통수단 .

저는 여기에 교통수단 을 타고 왔어요.

실력 확인!

방향과 위치에 맞는 단어를 <보기>에서 찾아보세요.

kiri	timur	kanan	selatan
luar	bawah	atas	seberang

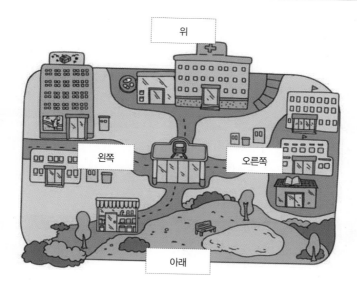

위

왼쪽

오른쪽

아래

위 : atas / 아래 : bawah / 왼쪽 : kiri / 오른쪽 : kanan

낱말 카드

카드를 접어서 단어를 복습해 보세요. 틀린 부분은 체크(☑)하고 다시 도전!

kiri □□□	왼쪽 □□□
kanan □□□	오른쪽 □□□
depan □□□	앞 □□□
belakang □□□	뒤 □□□
lurus □□□	직진하다 □□□

☐☐☐ **putar balik**	☐☐☐ 유턴하다
☐☐☐ **belok kanan**	☐☐☐ 우회전하다
☐☐☐ **belok kiri**	☐☐☐ 좌회전하다
☐☐☐ **timur**	☐☐☐ 동
☐☐☐ **barat**	☐☐☐ 서
☐☐☐ **selatan**	☐☐☐ 남
☐☐☐ **utara**	☐☐☐ 북

atas	위
bawah	아래
dalam	안
luar	밖
samping sebelah	옆
tepi	가장자리
tengah	가운데

seberang □□□	건너편 □□□
kendaraan □□□	차량, 탈것 □□□ (운송기구)
mobil □□□	자동차 □□□
motor □□□	오토바이 □□□
sepeda □□□	자전거 □□□
bus □□□	버스 □□□
angkot □□□	앙꼿 □□□

ojek	오젝
bajaj	바자이
pesawat	비행기
kapal	배
kereta	기차
taksi	택시

자연과 동물

1 자연
Alam

🎧 11-01

☐☐☐	**tanah** 따나	땅

☐☐☐	**air** 아이르	물

☐☐☐	**udara** 우다라	공기

☐☐☐	**api** 아삐	불

paling suka pergi ke ~ : ~에 가는 것을 제일 좋아하다

Saya paling suka pergi ke   자연   .

저는   자연   에 가는 것을 제일 좋아해요.

☐
☐
☐
sungai
숭아이

강

☐
☐
☐
danau
다나우

호수

☐
☐
☐
laut
라웃

바다

☐
☐
☐
pantai
빤따이

바닷가

□□□ **gunung** 산
구눙

□□□ **bukit** 언덕
부낏

□□□ **kawah** 분화구
까와

□□□ **air terjun** 폭포
아이르 뜨르준

Di sini ada banyak [자연] .

여기에 [자연] 이 많아요.

banyak : 많다

☐
☐
☐
bunga
붕아

꽃

☐
☐
☐
daun
다운

나뭇잎

☐
☐
☐
pohon
뽀혼

나무

☐
☐
☐
pasir
빠시르

모래

2 동물
Hewan

🎧 11-02

☐☐☐ **tikus**
띠꾸스

쥐

☐☐☐ **sapi**
사삐

소

☐☐☐ **harimau**
하리마우

호랑이

☐☐☐ **kelinci**
끌린찌

토끼

Shio saya adalah 동물.

저는 동물 띠예요.

shio : 띠

□
□ **naga**
□ 나가

용

□
□ **ular**
□ 울라르

뱀

□
□ **kuda**
□ 꾸다

말

□
□ **kambing**
□ 깜빙

염소

★ 인도네시아에서는 '양띠' 대신 '염소띠'가 있습니다. '양'은 띠로 표현하지 않습니다.

memelihara + 동물/식물 : (동물/식물)을 키우다/돌보다

Saya memelihara 　동물　 di rumah.

저는 집에서 　동물　 을 키우고 있어요.

★ memelihara는 '동물/식물'에만 사용합니다.　memelihara : 기르다/돌보다, di rumah : 집에서

---

monyet
모녯

원숭이

ayam
아얌

닭

anjing
안징

개

babi
바비

돼지

tidak suka : 싫다

Saya sangat tidak suka [동물] .

저는 [동물] 가 정말 싫어요.

☐
☐ **kucing** | 고양이
☐ 꾸찡

☐
☐ **cacing** | 지렁이
☐ 짜찡

☐
☐ **kecoak** | 바퀴벌레
☐ 끄쪼악

☐
☐ **nyamuk** | 모기
☐ 냐묵

패턴 + 어휘 정리

학습한 패턴 및 어휘들만 모아서 단어와 함께 자연스럽게 익혀 보세요.

① paling suka pergi ke ~ : ~에 가는 것을 제일 좋아하다

Saya paling suka pergi ke [자연] **.**

저는 [자연] 에 가는 것을 제일 좋아해요.

② sangat terkenal : 매우 유명하다

[자연] **itu sangat terkenal di Korea.**

그 [자연] 은 한국에서 매우 유명해요.

③ di sini : 여기에

Di sini ada banyak [자연] **.**

여기에 [자연] 이 많아요.

④ saya adalah : 나는 ~이다

Shio saya adalah [동물] **.**

저는 [동물] 띠예요.

5 Saya memelihara 〔동물〕 di rumah.

> memelihara + 동물/식물 : (동물/식물)을 키우다/돌보다

저는 집에서 〔동물〕을 키우고 있어요.

6 Saya sangat tidak suka 〔동물〕.

> tidak suka : 싫다

저는 〔동물〕가 정말 싫어요.

동물에 맞는 단어를 <보기>에서 찾아보세요.

<보기>

babi	kelinci	ular	harimau	kucing	tikus
monyet	cacing	kambing	naga	anjing	
kecoak	kuda	sapi	nyamuk	ayam	

낱말 카드

카드를 접어서 단어를 복습해 보세요. 틀린 부분은 체크(☑)하고 다시 도전!

tanah ▢▢▢	땅 ▢▢▢
air ▢▢▢	물 ▢▢▢
udara ▢▢▢	공기 ▢▢▢
api ▢▢▢	불 ▢▢▢
sungai ▢▢▢	강 ▢▢▢

danau	호수
laut	바다
pantai	바닷가
gunung	산
bukit	언덕
kawah	분화구

air terjun □ □ □	폭포 □ □ □
bunga □ □ □	꽃 □ □ □
daun □ □ □	나뭇잎 □ □ □
pohon □ □ □	나무 □ □ □
pasir □ □ □	모래 □ □ □
tikus □ □ □	쥐 □ □ □

sapi	소
harimau	호랑이
kelinci	토끼
naga	용
ular	뱀
kuda	말

kambing □□□	염소 □□□
monyet □□□	원숭이 □□□
ayam □□□	닭 □□□
anjing □□□	개 □□□
babi □□□	돼지 □□□
kucing □□□	고양이 □□□

cacing □ □ □

지렁이 □ □ □

kecoak □ □ □

바퀴벌레 □ □ □

nyamuk □ □ □

모기 □ □ □

Part

12

쇼핑 상품과 색깔

1 쇼핑
Belanja

🎧 12-01

□□□ **menjual**
문주알

팔다

□□□ **harga**
하르가

가격, 값

□□□ **harga pas**
하르가 빠스

정가

□□□ **uang kecil**
우앙 끄찔

잔돈

apakah bisa : ~할 수 있나요?

Apakah **saya bisa** 〔쇼핑〕 barang di sini?

여기에서 상품 〔쇼핑〕 할 수 있어요?

di sini : 여기에서, **bisa** : ~할 수 있다, **barang** : 물건/상품

☐
☐ **membeli**
☐ 믐블리

사다

☐
☐ **menawar harga**
☐ 므나와르 하르가

가격을 흥정하다

☐
☐ **menukar**
☐ 므누까르

교환하다

☐
☐ **mengembalikan**
☐ 믕음발리깐

반품하다

2 옷
Baju

🎧 12-02

baju 바주	옷

kemeja 끄메자	와이셔츠

blus 블루스	블라우스

kaus 까우스	티셔츠

옷 **itu sangat cocok pada Anda.**

그 옷 은 당신에게 잘 어울려요.

cocok : 어울리다, **pada** : ~에게

□
□
□

terusan

뜨루산

원피스

□
□
□

rok

록

치마

□
□
□

rok mini

록 미니

미니스커트

□
□
□

jin

진

청바지

→ **suka sekali memakai** : 입는 것을 매우 좋아하다

Saya suka sekali memakai 　옷　 ini.

저는 이 　옷　 입는 것을 매우 좋아해요.

suka sekali : 매우 좋아하다, **memakai** : 입다

☐
☐
☐
celana
쯜라나

바지

☐
☐
☐
celana pendek
쯜라나 뻰덱

반바지

☐
☐
☐
baju lengan panjang
바주 릉안 빤장

긴소매 상의

☐
☐
☐
baju lengan pendek
바주 릉안 뻰덱

반소매 상의

---

mau membeli : 살 것이다

Saya mau membeli 옷 .

저는 옷 을 살 거예요.

membeli : 사다/구매하다

□
□
□
baju dalam
바주 달람

속옷

□
□
□
singlet
싱렛

러닝셔츠

□
□
□
beha
베하

브래지어

□
□
□
celana dalam
쯜라나 달람

팬티

Wah! ⬜ 옷 ⬜ itu bagus sekali!

우와! 그 ⬜ 옷 ⬜ 너무 멋져요!

bagus : 아주 좋다/훌륭하다

☐☐☐ **jas**
자스

재킷

☐☐☐ **blazer**
블래저르

블레이저
(정장용 재킷)

☐☐☐ **jaket**
자껫

점퍼, 바람막이

☐☐☐ **mantel**
만뗄

코트, 외투

dasi 다시	넥타이

sarung tangan 사룽 땅안	장갑

kaus kaki 까우스 까끼	양말

ikat pinggang 이깟 삥강	벨트, 허리띠

agak mahal : 조금 비싸다

Harga 상품 itu agak mahal.

그 상품 값은 좀 비싸요.

harga : 가격/값, **agak** : 조금, **mahal** : 비싸다

☐☐☐ **cincin**
찐찐

반지

☐☐☐ **kalung**
깔룽

목걸이

☐☐☐ **anting**
안띵

귀걸이

☐☐☐ **gelang**
글랑

팔찌

Anda membeli 상품 itu di mana?

di mana : 어디에서

그 상품 어디에서 샀어요?

□□□ **syal**
샬

솔

□□□ **topi**
또삐

모자

□□□ **sepatu**
스빠뚜

신발, 구두

＊운동화 : sepatu olahraga

□□□ **sandal**
산달

슬리퍼

memberi hadiah : 선물해 주다

Saya memberi hadiah 　상품　 pada pacar saya.

저는 제 애인에게 　상품　 을 선물해 줬어요.

memberi : 주다, **hadiah** : 선물

☐
☐ **kacamata** 　　　　　안경
☐
까짜마따

☐
☐ **kacamata hitam** 　　선글라스
☐
까짜마따 히땀

☐
☐ **parfum** 　　　　　　향수
☐
빠르품

☐
☐ **kosmetik** 　　　　　화장품
☐
꼬스메띡

4

색깔
Warna

🎧 12-04

☐☐☐ **merah**
메라

빨간색

☐☐☐ **oranye**
오란느

주황색

☐☐☐ **kuning**
꾸닝

노란색

☐☐☐ **hijau**
히자우

초록색

Saya suka baju warna 색깔 **.**

저는 색깔 옷을 좋아해요.

☐☐☐ **biru**
비루

파란색

☐☐☐ **ungu**
웅우

보라색

☐☐☐ **cokelat**
쪼끌랏

갈색

☐☐☐ **merah muda**
메라 무다

분홍색

---

tidak suka : 좋아하지 않다

Saya tidak suka warna [색깔].

저는 [색깔] 을 좋아하지 않아요.

☐☐☐ **emas**
으마스

금색

☐☐☐ **perak**
뻬락

은색

☐☐☐ **putih**
뿌띠

하얀색

☐☐☐ **hitam**
히땀

검은색

패턴 + 어휘 정리

학습한 패턴 및 어휘들만 모아서 단어와 함께 자연스럽게 익혀 보세요.

1 → **apakah bisa** : ~할 수 있나요?

Apakah saya bisa [쇼핑] **barang di sini?**

여기에서 상품 [쇼핑] 할 수 있어요?

2 → **pada Anda** : 당신에게

[옷] **itu sangat cocok pada Anda.**

그 [옷] 은 당신에게 잘 어울려요.

3 → **suka sekali memakai** : 입는 것을 매우 좋아하다

Saya suka sekali memakai [옷] **ini.**

저는 이 [옷] 입는 것을 매우 좋아해요.

4 → **mau membeli** : 살 것이다

Saya mau membeli [옷] **.**

저는 [옷] 을 살 거예요.

5 → **wah** : 우와! (감탄사)

Wah! [옷] **itu bagus sekali!**

우와! 그 [옷] 너무 멋져요!

6 Harga ⬜상품⬜ itu agak mahal.

↗ **agak mahal** : 조금 비싸다

그 ⬜상품⬜ 값은 좀 비싸요.

7 Anda membeli ⬜상품⬜ itu di mana?

↗ **di mana** : 어디에서

그 ⬜상품⬜ 어디에서 샀어요?

8 Saya memberi hadiah ⬜상품⬜ pada pacar saya.

↗ **memberi hadiah** : 선물해 주다

저는 제 애인에게 ⬜상품⬜을 선물해 줬어요.

9 Saya suka baju warna ⬜색깔⬜.

↗ **suka baju** : 옷을 좋아하다

저는 ⬜색깔⬜ 옷을 좋아해요.

10 Saya tidak suka warna ⬜색깔⬜.

↗ **tidak suka** : 좋아하지 않다

저는 ⬜색깔⬜을 좋아하지 않아요.

실력 확인!

그림에 맞는 단어를 <보기>에서 찾아보세요.

> topi   ungu   kuning   jin   sepatu
> merah   kacamata   harga   biru   rok

정답

안경 : kacamata / 치마 : rok / 신발, 구두 : sepatu / 모자 : topi
빨간색 : merah / 노란색 : kuning / 파란색 : biru / 보라색 : ungu

낱말 카드

카드를 접어서 단어를 복습해 보세요. 틀린 부분은 체크(✅)하고 다시 도전!

menjual ☐☐☐	팔다 ☐☐☐
harga ☐☐☐	가격, 값 ☐☐☐
harga pas ☐☐☐	정가 ☐☐☐
uang kecil ☐☐☐	잔돈 ☐☐☐
membeli ☐☐☐	사다 ☐☐☐

menawar harga	가격을 흥정하다
menukar	교환하다
mengembalikan	반품하다
baju	옷
kemeja	와이셔츠
blus	블라우스

kaus

티셔츠

terusan

원피스

rok

치마

rok mini

미니스커트

jin

청바지

celana

바지

celana pendek	반바지
baju lengan panjang	긴소매 상의
baju lengan pendek	반소매 상의
baju dalam	속옷
singlet	러닝셔츠
beha	브래지어

celana dalam □□□	팬티 □□□
jas □□□	재킷 □□□
blazer □□□	블레이저 (정장용 재킷) □□□
jaket □□□	점퍼, 바람막이 □□□
mantel □□□	코트, 외투 □□□
dasi □□□	넥타이 □□□

sarung tangan □ □ □	장갑 □ □ □
kaus kaki □ □ □	양말 □ □ □
ikat pinggang □ □ □	벨트, 허리띠 □ □ □
cincin □ □ □	반지 □ □ □
kalung □ □ □	목걸이 □ □ □
anting □ □ □	귀걸이 □ □ □

gelang □□□	팔찌 □□□
syal □□□	숄 □□□
topi □□□	모자 □□□
sepatu □□□	신발, 구두 □□□
sandal □□□	슬리퍼 □□□
kacamata □□□	안경 □□□

kacamata hitam	선글라스
parfum	향수
kosmetik	화장품
merah	빨간색
oranye	주황색
kuning	노란색

hijau □ □ □	초록색 □ □ □
biru □ □ □	파란색 □ □ □
ungu □ □ □	보라색 □ □ □
cokelat □ □ □	갈색 □ □ □
merah muda □ □ □	분홍색 □ □ □
emas □ □ □	금색 □ □ □

perak

은색

putih

하얀색

hitam

검은색

Part
13

음식과 재료

1 음료
Minuman

☐☐☐ **air putih**
아이르 뿌띠

물 (생수, 식수)

☐☐☐ **jus**
주스

주스

☐☐☐ **susu**
수수

우유

☐☐☐ **bir**
비르

맥주

→ **mau pesan** + 명사 : (명사)를 주문/예약하고 싶다

Saya mau pesan [음료] satu.

[음료] 하나(한 잔) 주문하고 싶어요.

∗ '명사' 뒤에 나오는 '단위 명사'는 보통 생략됩니다.

pesan : 주문하다/예약하다

□
□　**kopi hitam**
□
　　꼬삐 히땀

블랙 커피

□
□　**kopi susu**
□
　　꼬삐 수수

밀크 커피

□
□　**minuman bersoda**
□
　　미누만 브르소다

탄산음료

□
□　**jus buah**
□
　　주스 부아

생과일 주스

☐☐☐ **apel**
아쁠

사과

☐☐☐ **jeruk**
즈룩

귤

☐☐☐ **mangga**
망가

망고

☐☐☐ **alpukat**
알뿌깟

아보카도

Berapa harga 과일 ini?

이 과일 얼마예요?

harga : 값

pepaya
쁘빠야

파파야

pisang
삐상

바나나

durian
두리안

두리안

rambutan
람부딴

람부탄

식재료
Bahan Makanan

daun bawang
다운 바왕

파

cabai
짜바이

고추

bawang putih
바왕 뿌띠

마늘

jamur
자무르

버섯

tidak bisa makan : 못 먹다, 먹을 수 없다

Saya tidak bisa makan 　식재료　.

저는 　식재료　 를 못 먹어요.

makan : 먹다

☐
☐
☐
kentang
끈땅

감자

☐
☐
☐
tomat
또맛

토마토

☐
☐
☐
brokoli
브로꼴리

브로콜리

☐
☐
☐
telur
뜰루르

달걀

4 양념
Bumbu

🎧 13-04

☐☐☐ **kecap asin**
께짭 아신

(짠) 간장

☐☐☐ **kecap manis**
께짭 마니스

(달콤한) 간장

☐☐ **garam**
가람

소금

☐☐ **gula**
굴라

설탕

양념   **sering dipakai dalam masakan Indonesia.**

양념   은 인도네시아 음식에서 자주 사용돼요.

sering : 자주, **dipakai** : 사용되다, **masakan** : 요리

☐☐☐ **lada**
라다

후추

☐☐☐ **kemiri**
끄미리

끄미리

✱ 쿠쿠이나무 열매로, 고소하면서 기름진 맛이 있으며 국물을 걸쭉하게 할 때 쓰입니다.

☐☐☐ **terasi**
뜨라시

뜨라시

✱ 새우를 다진 양념으로 한국의 새우젓과 비슷합니다.

☐☐☐ **kunyit**
꾸닛

강황

5 조리 방법
Cara Memasak

🎧 13-05

merebus 므르부스	삶다, 데치다
menggoreng 믕고렝	(프라이팬 등에) **굽다, 볶다, 튀기다**
memanggang 므망강	(오븐, 그릴 등에) **굽다**
mengukus 믕우꾸스	찌다

Dia 　조리 방법　 **daging** untuk makan malam.

untuk makan malam : 저녁 식사를 위해

그/그녀는 저녁 식사를 위해 고기를 　조리 방법　 해요.

daging : 고기

☐☐☐ **menumis**
므누미스

(살짝) 볶다

☐☐☐ **menggiling**
믕길링

다지다, 갈다

☐☐☐ **memotong**
므모똥

자르다

☐☐☐ **mengiris**
믕이리스

얇게 썰다

6 맛
Rasa

enak 에낙	맛있다
pedas 쁘다스	맵다
gurih 구리	감칠맛 나다, 고소하다
tawar 따와르	싱겁다

makanan ini : 이 음식

Makanan ini terlalu ⬚맛⬚ .

이 음식은 너무 ⬚맛⬚ 해요.

terlalu : 너무/지나치게

☐☐☐ **asin**
아신

짜다

☐☐☐ **asam**
아삼

시다

☐☐☐ **manis**
마니스

달다

☐☐☐ **pahit**
빠힛

쓰다

패턴 + 어휘 정리

학습한 패턴 및 어휘들만 모아서 단어와 함께 자연스럽게 익혀 보세요.

1 → **mau pesan** + 명사 : (명사)를 주문/예약하고 싶다

Saya mau pesan [음료] **satu.**

[음료] 하나(한 잔) 주문하고 싶어요.

2 → **berapa** : 얼마, 몇 (수량에 대한 의문사)

Berapa harga [과일] **ini?**

이 [과일] 얼마예요?

3 → **tidak bisa makan** : 못 먹다, 먹을 수 없다

Saya tidak bisa makan [식재료] .

저는 [식재료] 를 못 먹어요.

4 → **sering dipakai** : 자주 사용되다

[양념] **sering dipakai dalam masakan Indonesia.**

[양념] 은 인도네시아 음식에서 자주 사용돼요.

5 Dia 조리 방법 daging untuk makan malam.

→ **untuk makan malam** : 저녁 식사를 위해

그/그녀는 저녁 식사를 위해 고기를 조리 방법 해요.

→ **makanan ini** : 이 음식

6 Makanan ini terlalu 맛 .

이 음식은 너무 맛 해요.

실력 확인!

그림에 맞는 단어를 적어 보세요.

낱말 카드

카드를 접어서 단어를 복습해 보세요. 틀린 부분은 체크(☑)하고 다시 도전!

air putih ☐☐☐	물 ☐☐☐ (생수, 식수)
jus ☐☐☐	주스 ☐☐☐
susu ☐☐☐	우유 ☐☐☐
bir ☐☐☐	맥주 ☐☐☐
kopi hitam ☐☐☐	블랙 커피 ☐☐☐

kopi susu	밀크 커피
minuman bersoda	탄산음료
jus buah	생과일 주스
apel	사과
jeruk	귤
mangga	망고

alpukat □□□	아보카도 □□□
pepaya □□□	파파야 □□□
pisang □□□	바나나 □□□
durian □□□	두리안 □□□
rambutan □□□	람부탄 □□□
daun bawang □□□	파 □□□

cabai	고추
bawang putih	마늘
jamur	버섯
kentang	감자
tomat	토마토
brokoli	브로콜리

telur	달걀
kecap asin	(짠) 간장
kecap manis	(달콤한) 간장
garam	소금
gula	설탕
lada	후추

kemiri	끄미리
terasi	뜨라시
kunyit	강황
merebus	삶다, 데치다
menggoreng	(프라이팬 등에) **굽다, 볶다, 튀기다**
memanggang	(오븐, 그릴 등에) **굽다**

mengukus □□□	찌다 □□□
menumis □□□	(살짝) 볶다 □□□
menggiling □□□	다지다, 갈다 □□□
memotong □□□	자르다 □□□
mengiris □□□	얇게 썰다 □□□
enak □□□	맛있다 □□□

pedas □□□	맵다 □□□
gurih □□□	감칠맛 나다, 고소하다 □□□
tawar □□□	싱겁다 □□□
asin □□□	짜다 □□□
asam □□□	시다 □□□
manis □□□	달다 □□□
pahit □□□	쓰다 □□□

/ 핵심 품사 /

● 지시사

지시대명사 / 지시형용사		장소 지시대명사	
ini	이, 이것, 이 사람	sini	여기, 이곳
itu	그/저, 그/저것, 그/저 사람	situ	거기, 그곳
–	–	sana	저기, 저곳

● 전치사

bersama	~와/과 함께	pada	~에 (시간), ~에게/께 (윗사람)
dalam	~(으)로 (언어)	sampai	~까지
dari	~에서 (오다)	tentang	~에 대해서
di	~에서 (하다)	tanpa	~ 없이
ke	~에/로 (가다)	selama	~ 동안

● 의문사

apa	무엇, 무슨	kapan	언제
apakah	~입니까? (일반의문문 의문사)	mana	어디, 어느
bagaimana	어떻게	mengapa kenapa	왜
berapa	얼마, 몇	siapa	누구

● 부정어

bukan	~이/가 아니다 (명사 부정)
tidak	~지 않다, 안 ~하다 (동사 / 형용사 부정)

● 접속사

agar **supaya**	~하도록 ~, ~하기 위해서 ~	**kemudian** **lalu**	그리고 나서 (순차적 진행)
apabila **bila** **jika** **kalau**	만약, ~(으)면	**meskipun** **walaupun**	비록, 할지라도
atau	~이나, 혹은, 또는	**namun** **tetapi**	그러나, 하지만
dan	~와/과, 그리고	**sebelum**	~하기 전
jadi **sehingga**	그래서	**sejak**	~이래, ~부터
karena **sebab**	~때문에, 왜냐하면	**sementara**	한편, 반면
ketika	~(으)ㄹ 때	**sesudah** **setelah**	~한 후